AF604041

C'est quoi ? Être Homme Femme

Au-delà
de
l'oubli.

Tome.2

Une décennie, soit dix ans,
la tempête s’est déchaînée avec une intensité sans pareille, balayant tout sur son passage.
En plein, été, les dégradations s’accumulaient,
les pompiers et les médecins étaient présents à la maison.
La tempêtea frappé à plusieurs reprises et trop rapidement.
Il ne peut plus du tout boire de liquide,
le solide passe, mais les liquides sont devenus

« trop liquides pour lui, »

la pensée de boire n’existe plus dans sa tête,
il s'étrangle tout le temps.
Chaque verre d’eau coule à côté de lui,
impossible pour lui d’avaler,
chaque gorgée d'eau se transforme
en une expérience périlleuse.
Dans son esprit, seule la pensée de mâcher et d’avaler existe.
Il essaye de mâcher l’eau,
et ce n'est pas une fantaisie, c’est bien réel.
Les médecins nous disent qu’il est sur le point de
« mourir ».

Il est placé en soins palliatifs à domicile,
sous perfusion pour l'hydratation,
les analyses sont très mauvaises pour lui.
Par obligation ou non, nous décidons de prévenir
les proches malgré la distance entre nous et les
opinions divergentes de chacun.
Il y a un deuil, celui d'un père, d'un ami,
une phase de tristesse permanente,
plus de 15 jours à son chevet,
avec les émotions de chacun, ma peine se
transformant en colère en attendant le pire.
Des jours passent, Bi et moi sommes encore seuls
dans cette situation, mais malgré tout, il retrouve
des couleurs, une force mentale incroyable.
Pas-à-pas, il reprend conscience,
et nous parvenons à le nourrir.
Les liquides lui sont interdits sur ordre des
médecins, mais nous utilisons en complément des
gels liquides pharmaceutiques et des purées pour
toute nourriture solide.
Les morceaux de nourriture le font s'étouffer,
et à partir de ce jour,
il sera perfusé à vie pour rester hydraté.

Malgré cela, une lueur d'espoir persiste au milieu
de cette tempête mortuaire.
Pour Bi et moi, c'est émouvant de le voir
reprendre des forces, mais en réalité,
je vois clairement les débris de la tempête,
s'ajoutant à la maladie qui touche à sa fin.
Une désolation encore plus profonde,
un épuisement total, un mental à zéro,
plus aucune motivation.
Suite à son rétablissement plus ou moins
complet, chacun reprend sa vie personnelle.
Nous nous regardons dans les yeux, toujours
obsédés par la tempête, replongeant dans la
solitude du champ de bataille.
À bout de souffle, nous avançons ensemble.
Moi, je me réajuste pour lui, et elle aussi.
Peu de temps après, survient à la période
pandémique. Comme tout le monde,
nous appréhendons négativement le virus.
Les informations circulent, les protocoles
s'installent, le monde se retrouve contraint à cette
obligation de vivre, que ce soit dans les hôpitaux,
les EHPAD, les centres de soin ou ailleurs.

Au fil du temps, nous avons dû imposer des
règles strictes, car un simple rhume ne pouvait
être toléré. Les rhumes, même les plus banaue,
étaient une catastrophe pour lui, une menace
supplémentaire pour sa santé déjà fragilisée.
Imaginez-vous quand lui, Bi, et moi étions tous
malades, comme des bronches asthmatiques en
trio, c'était un désastre planétaire aggravé.
J'ai cru que nous allions tous y rester,
personne n'était là pour nous,
les tâches les plus simples et banales devenaient
impossibles à réaliser.
Les histoires n'arrivent pas qu'aux autres.
Nous ne pouvions plus respirer, proches de la
mort, et lui était bien devant nous.
Bi a fini sur le canapé pour essayer de respirer la
nuit, deux mois de traumatisme réel.
Lui, dans son lit, dans un état pire que le nôtre.
Cette période de bronchite infectée m'a
traumatisé, c'était la pire de ma vie d'adulte,
une perte totale de vitalité,
avec en plus la responsabilité de Copain.
Un sentiment d'irresponsabilité,
dépourvu d'aide ou de choix.

Pour revenir à la période pandémique,
la prise de décision était que personne ne vienne
à part l'infirmière,
suivie d'une vie de confinement obligatoire.
Si pour certains, le confinement a été mal vécu,
pour moi, je le vis depuis plus d'une décennie.
Croyez-le ou non, à part pour les courses,
rien n'a strictement changé dans ma vie.
Nous vivons le confinement depuis tellement
longtemps que, à ce moment-là,
je voyais les autres avoir une vie semblable
à la nôtre, sans vie sociale ou professionnelle,
sans contact avec les personnes,
nous rions des gens qui devenaient fous
de la situation mondiale.
À la télévision, voir leurs plaintes banales et
stupides, le monde confiné dans cet état,
c'était pour moi

« *Ironique à voir* »

dans mon désespoir.

Mais en réalité, j'ai mal au cœur de voir les gens
se plaindre du manque de liberté,

« Vous ne savez pas de quoi vous parlez ».

Voir des gens réunis en famille,
et personne pour Bi et Copain, les pauvres,
et je pèse mes mots, tout le stress,
la pression, l'angoisse, la solitude,
et le reste du confinement,
fait en plus de 10 ans, et seul.
Une décennie de confinement total à très longue
durée.
Lui, confiné dans son état d'esprit,
moi, confiné ou emprisonné par choix,
confiné de vie privée et personnelle.
Bien que le temps passe,
les choses ne s'arrangent pas.

Dans le monde,
les restrictions s'enlèvent,
les interdictions sont levées,
les interactions de la vie sociale reprennent.

Des soulagements et des sourires refont surface,
le monde recommence à vivre,
mais nous sommes toujours confinés dans notre situation.
Le temps passe,
mais toujours pas de facilité.
Amertume, amour, pleurs, compassion,
avancer dans l'œil du cyclone toujours actif.
Dans l'espoir de ne pas être abandonnés,
de continuer à avancer malgré mon cylone,
Bi et moi reprenons un semblant de vie.
Lui est toujours sous perfusion et parvient encore à avaler, je reste là dans notre combat.
Nous avons mis le lit médical dans le salon,
il a perdu toute capacité physique, il ne bouge que les mains et les bras, les mots ne sont que des sons, et le regard est introuvable.
Les soins, la toilette, les remises en place de sa personne, ou même le simple fait de remettre une couverture, déclenchent des crises quoi qu'il arrive.
Il panique, a peur de tout,
et le réflexe par habitude d'ouvrir la bouche et de marcher dans le vide.

En vérité, il ne décide pas de manger,
mais l'instinct primaire prend le dessus.
Comme il était un excellent mangeur avant,
cela a forcément joué un rôle.
Pour lui, il est impossible de faire le moindre
geste, ne serai ce que se redresser d'un côté.
Il ne connaît plus les noms des choses ni les
actes, même les bruits ou les ombres lui font
peur.
Parfois, on le mettait sur le canapé,
et il était ravi de s'asseoir et de sourire.
Les escarres commençaient à apparaître
fréquemment, ce qui lui faisait du bien en
changeant sa vision et sa posture de sa vie alitée.
Certaines lumières restent toujours allumées pour
le rassurer.
Toutes les interactions se font dans le salon.
Son état nous a fait passer à trois machines par
jour, mais l'hygiène n'a pas de prix,
contrairement aux factures.
Toutes les deux ou trois heures,
nous devons le bouger pour éviter les escarres.
Il est passé à 80/100 en état végétatif,
se recroqueville sur lui-même, en position fœtale.

Par moments de lucidité,
il essaie de bouger par lui-même sans y parvenir.
Sa gorge est un désastre, il peut rester des heures
avec sa salive sans aucune réaction.
Il se noie littéralement dans sa salive,
même la kiné respiratoire nous dit que c'est
inutile,

« Il ne crache pas ».

La conscience des mots et des actes a disparu,
seul, dépourvu de tout dans sa circonstance.
Parfois, pendant 20 secondes,
il se noie seul dans son fardeau,
nous sommes tétanisés à voir et à vivre.
Tous les mois,
les fausses routes sont de mise et bien présentes.
Il avale de travers,
ne contrôle plus sa gorge,
des moments d'agonie.
Nous faisons ce que nous pouvons par
inadvertance, mais cela reste horrible à vivre et à
voir, des situations de détresse.

Pour lui,

« Les minutes sont des années et les années passent comme des minutes ».

J'ai compris seulement 1/100 de l'espace-temps,
perdu dans son esprit de la non-réalité parallèle.
Pour lui, penser, c'est parler,
c'est se souvenir, et penser,

« c'est vivre sa réalité ».

La neuvième année officielle,
nous sortons d'une canicule infernale.
Un éclair l'a touché,
il a subi un coup de chaleur phénoménal,
à la fois physique et mental.
La nutrition a été très difficile,
impossible à lui donner pendant ces chaleurs
intenses, toujours au bord de la fatigue constante,
épuisé.

La perception des sensations même lui est étrangère, provoquant des tocs gestuels répétitifs.
Il appuie son talon droit sur le matelas et le frotte constamment, causant une terrible escarre qui a pris deux ans pour guérir.
Ces deux années ont marqué

« Les premières années,
pour rester allongé le reste de sa vie ».

C'est à ce moment-là que j'ai compris qu'il ne se lèverait plus jamais de sa vie.
Mon cyclone,
mêlé aux débris de sa tempête chaotique,
s'est figé.
La lumière rouge des éclairs persiste dans l'atmosphère, le son des nuages grondant résonne dans les battements de mon cœur,
et le lit devient son monde, le canapé, son refuge.
Être allongé au lieu d'être assis était une perte totale de liberté pour lui.
On le voyait constamment se plaindre,
et lorsqu'il bougeait, il hurlait de douleur.

Le plus étrange, c'est qu'il ne se rend plus
compte de ce qu'est la douleur,
mais seulement de la sensation d'avoir mal,
juste le ressenti de la douleur.
Le temps passé au lit provoque de plus en plus de
crises de démence.
La nuit, il vit et parle,
ses gestes violents s'auto-insultent,
se frappent, s'agrippent, tout en pensant
que c'est quelqu'un d'autre.
Et moi, toujours sur mes gardes, à l'écouter.
Il s'accroche à ses cheveux, ses mains s'infligent
des douleurs, se pincent très fort, mais

« ce n'est pas lui pour lui ».

Une nuit, je me réveille avec des hurlements
horribles, je cours dans sa chambre,
je vois qu'il n'y a plus de couette,
plus de couches, son sexe est tiré violemment,
comme pour l'arracher dans sa démence.
Plus je l'aide, plus il tire dessus.

Honnêtement, j'ai appuyé sur un point vital sur
son épaule, provoquant une douleur qui l'a fait
lâcher, le réflexe d'une douleur ailleurs.
Cela a fonctionné,
mais le revers de la médaille est que j'ai
intentionnellement causé de la douleur à Copain,
un acte délibéré pour reprendre le contrôle de la
situation.
Peu importe le pour ou le contre,
une douleur pour une autre, cela fait mal au cœur,
une certaine honte en moi,
minimisée par l'intention de lui faire

« mal pour son bien ».

Comme un nouveau-né,
il ne se laisse pas faire,
avec un refus physique dû à sa démence.
Les soins sont un tremblement de terre.
J'ai honte encore,
même si ce n'est pas une gifle ou un coup,
c'est un acte délibéré sur Copain.

Mais la scène n'est pas banale,
la force de ses gestes et la douleur de l'endroit
sont là, amplifiées par ses gestes contrôlés par
défaut et non par son cerveau,
ne pensant plus dans l'acte présent,
donc le ressenti de la douleur devient réel.
La maladie progresse,
il s'auto-mutile, se gifle, se gratte jusqu'au sang.
Suite à des recommandations médicales,
nous avons dû utiliser des

« Sangles de poignée médicales »

vendues en pharmacie.
C'était une phase horrible que je n'avais jamais
envisagée, attachant une personne comme un
bourreau de soins, une séquestration à domicile.
Mon cyclone nous a figés sur place,
corps et esprit, et le mot

« Psychiatrie »

prend tout son sens.

On évitait de les mettre chaque soir,
une main à la fois par compassion,
même si c'était pour son bien,
c'était atroce à faire, à vivre, à voir.
Pour ma part,
je n'avais vu des camisoles que dans les films,
et maintenant,
je vis la psychiatrie.
Cependant, avec le temps,
une par une, il a arraché ses sangles.

Après la deuxième détruite,
nous avons décidé de ne plus en prendre,
de ne plus les lui mettre,
et avec l'avancée de la maladie,
son état s'est dégradé.
L'horloge du sommeil n'existe plus.

Depuis la fin des sangles,
les TOC consistent à croiser les bras,
permettant d'arrêter de se faire du mal.
On ne sait jamais à quoi s'attendre, énervé, triste,
confus ou perdu dans les limbes du temps.

Je suis allé plus loin que le burn-out et la
dépression, je suis tombé sur le champ de
bataille.
Mes pieds et mes jambes ne veulent plus bouger.
Allongé sans vitalité,
le drapeau est planté en moi,
mais les larmes restent bloquées dans mes yeux
qui ne veulent pas couler.
Mon cyclone me paralyse, me tétanise.
Je n'arrive plus à supporter ces bruits,
ces sons, ces gémissements.
Apeuré de ne plus pouvoir rien faire,
je sais très bien au fond de moi qu'il me dirait
merci et de me reposer.
Mais ma détermination,
à lui tenir la main dans sa tempête face à mon
cyclone persiste dans mon cœur.
Pour être limpide dans mon sentiment,
j'ai dit à Bi

« J'ai crié sur la maladie,
mais c'est ton père qui entend les sons ».

Et quand je lui ai dit,
j'ai continué à crier sur la maladie,
pendant qu'ils écoutaient le volume de ma voix.
En vérité, je ne craque pas, je disparais.
La nuance entre

« Bon et le choix dur et l'acte »

À deux, nous accomplissons ces tâches,
mais seule, avec ses sentiments cachés,
bien présents mais pas visibles.
Après toutes ces années,
j'ai dû accepter que nous fussions seuls.
La vérité fait mal, mais soulage.
Bi décide de déplacer son lit dans sa chambre
pour qu'il échappe à ma vue.
Elle et moi comprenons qu'il doit sortir de mon
esprit.

Elle me dit :

« Temps d'année à penser à lui,
aujourd'hui, tu dois penser à toi ».

Dur, et la réalité,
j'avais l'impression de l'abandonner.
Bi a forcé, car moi, je ne voulais pas.
Mais de rage, elle l'a fait pour mon bien.
Même ça, j'ai eu très du mal à l'accepter.
Dans ce sentiment de colère,
Bi me rappelle que pendant 12 ans,
il a passé 8 ans dans le salon,
et tout ce que j'ai accepté pour lui était
formidable.
Avec colère, elle me dit que je n'ai pas le choix.
La journée s'écoule, du soir en regardant la
fenêtre, je réalise que c'est la première dispute
pour mon bien et non pour son bien.
Elle avait compris qu'il fallait s'éloigner la
tempête du cyclone.
La première semaine, j'avais l'impression d'être
en échec, mais les secondes, les heures, les jours,
les mois, les années passées avec à l'aide,
me rappellent que ce n'est pas encore terminé.
De fait, j'ai dû accepter d'arrêter de penser à lui.
Bel et bien présent, l'amour que j'ai pour lui,
mais le sentiment de haine face à la réalité avait
pris le dessus.

Que ce soit la maladie,
notre couple, notre vie, la désunion, peu importe,
j'étais arrivé à un stade ou si je ne suis pas là,

« Je ne peux pas être là. »

Je n'ai jamais perdu de vue pourquoi je
combattais, croyant être le plus fort,
malgré tout l'amour que j'ai pour lui et pour elle.
En acceptant la réalité, en tant que soldat,
j'accepte d'être à bout de souffle et de laisser
avancer la guerrière.
Je sais que je ne suis plus seul dans mon cyclone.
Dans le déluge de ces catastrophes,
l'œil du cyclone me regarde.
Je suis au point zéro.
Elle me soulage du glaive et du bouclier,
plante le glaive au sol devant moi,
pose le bouclier à ma gauche appuyé sur mon
épaule.
Pour le drapeau, par un mot,
elle sait que je le tiens fermement des deux mains
en reprenant mon souffle.

Dans son regard d'amour et dans ce sourire
charnel, elle se relève telle ma guerrière pour
continuer d’avancer pour son père.
Plus j’accepte mes choix,
plus la tempête s'éloigne du cyclone.
Les nuages sont devenus grise et noire
face à mes choix.
L’œil du cyclone me regarde d’un regard
menaçant, car elle n’a pas fini.
Les rafales de vent, les émergences de
température, mon cyclone nous éloignent encore
et encore sans nous rapprocher, je la regarde
avancer pas à pas.
Elle résiste, mais elle avance dans l’horizon de la
perception de vue.
Au fil des années, le poids de la solitude a creusé
des tranchées profondes en moi,
créant un mal-être persistant qui semble
impossible à secouer.
Les heures solitaires se sont étirées en jours,
les jours en semaines, et les semaines en années,
formant un continuum sombres où le manque de
connexion sociale s’est transformé en un fardeau
insoutenable.

Le sentiment d'être en marge,
de ne pas appartenir pleinement à un monde qui semble fonctionner en harmonie sociale,
a laissé des cicatrices émotionnelles qui semblent ne jamais guérir.
Sortir de ma zone de confort sociale semble être une montagne insurmontable, et chaque tentative est accompagnée d'une anxiété paralysante.
Les interactions sociales, qui devraient être source de réconfort, deviennent des terrains minés émotionnels, exacerbant le sentiment d'isolement.
Cette dualité entre le désir de connexion sociale et la difficulté à la réaliser crée un mélange complexe d'émotions.
L'amour, à la fois désiré et redouté, devient une énigme émotionnelle difficile à résoudre.
Le manque de compassion crée un vide émotionnel, tandis que la haine de soi s'intensifie, alimentée par le manque de validation sociale.
Le stress et l'angoisse, ces compagnons constants du mal-être, projettent leur ombre sur chaque pensée et chaque action.

L'anticipation anxieuse des interactions sociales
forme un cercle vicieux de retrait et d'isolement,
exacerbant le fardeau mental, déjà lourd à porter.
Les tensions émotionnelles se traduisent souvent
par des maux physiques,
créant un cycle de douleur difficile à briser.
Et puis il y a ce sentiment déchirant de voir une
personne que j'aime se dégrader,
impuissant à inverser le cours des choses.
L'impuissance face à la détérioration d'une
relation précieuse ajoute un poids supplémentaire
sur des épaules déjà affaiblies par la solitude.
L'amour, qui était autrefois une source de
réconfort, devient une source de douleur lorsque
les circonstances échappent à tout contrôle.
Cependant, au cœur de cette tourmente
émotionnelle, je dois me rappeler que le
changement est possible.

Parfois,
le simple fait de partager ce fardeau émotionnel
avec quelqu'un d'autre peut alléger le poids sur
mes épaules.

La compassion envers moi-même et envers les
autres peut devenir une force motrice puissante
dans le processus de guérison,
ce mal-être causé par la solitude,
le manque d'intégration sociale,
l'effort physique et mental,
le manque de compassion,
mélangé à des sentiments d'amour et de haine,
de stress et d'angoisse, ainsi que le témoignage
de la détérioration d'une personne aimée,
forme un tableau complexe et poignant.
Mais je dois surmonter même les défis les plus
difficiles, chercher le soutien nécessaire,

« Être patient avec moi-même. »

Je me suis égaré en moi-même,
m'enfonçant dans les méandres d'une confusion
intérieure qui semble ne jamais s'estomper.
C'est comme si je m'étais perdu dans un
labyrinthe complexe de pensées tourbillonnantes,
incapable de trouver une sortie claire vers la
clarté mentale.

Le sentiment de se perdre en soi-même crée un mal-être profond, une dissonance intérieure qui teinte chaque aspect de ma vie quotidienne. Les jours s'écoulent comme des heures éthérées, et chaque tentative de retrouver un sentiment de stabilité mentale semble se heurter à des murs invisibles, me laissant égaré dans le labyrinthe labyrinthique de mes propres pensées. L'effort, que ce soit pour comprendre mes propres motivations ou pour trouver un équilibre mental, est devenu une quête une paix intérieure. Sortir de ce dédale mental semble être une mission impossible, chaque tentative se traduisant par un tourbillon de questions sans réponses, ajoutant à ma confusion intérieure. Cette dualité entre le désir de clarté mentale et la difficulté à l'atteindre crée un mélange complexe d'émotions.

L'amour envers soi-même,
autrefois évident, devient une énigme
émotionnelle difficile à déchiffrer.

Le manque de compréhension de mes propres pensées crée un vide intérieur,
tandis que la frustration envers ma propre confusion s'intensifie.
Me retrouver égaré en moi-même est comme naviguer en eaux troubles sans boussole.
Chaque tentative de retrouver un sens de la direction mentale semble être confrontée à des obstacles invisibles, laissant un sentiment de désorientation persistant.
Il est également essentiel pour moi de me donner la permission de prendre du recul,
d'accepter le processus, et de chercher des réponses à mon propre rythme.
La patience envers moi-même et la reconnaissance que la guérison mentale est un voyage plutôt qu'une destination fixe peuvent être des éléments clé pour retrouver le chemin vers moi-même. Il arrive parfois que l'on atteigne un stade où les choix et les expériences se tissent pour former le fil complexe de notre existence.

À un certain point, je me suis retrouvé à un
carrefour, face à une réalisation profonde,
je suis parvenu à un stade où ce que je peux
offrir, de manière authentique et sincère,
ne se résume plus à des biens matériels
ou à des des gestes simples.
Non, à ce moment précis de ma vie,
la richesse de mon présent se trouve dans la
simplicité et la profondeur de ma présence.
Cette prise de conscience découle d'une
maturation personnelle, d'un voyage intérieur où
j'ai exploré les méandres de mes pensées,
de mes émotions et de mes relations.
Au fil des années, j'ai compris que la véritable
valeur réside dans la qualité des moments que
l'on partage avec les autres, dans la capacité à
être pleinement là, dans l'instant présent.

Il y a quelque chose de profondément libérateur à
abandonner l'idée que ma valeur est
intrinsèquement liée à ce que je possède
matériellement.

Le consumérisme de notre société moderne a souvent tendance à mesurer le succès et le bonheur par la taille de notre maison,
la marque de notre voiture ou la dernière tendance en matière de gadgets électroniques.
Cependant, à ce stade de ma vie,
j'ai transcendé ces notions superficielles de succès.
Au lieu de cela,
je me suis tourné vers une forme plus significative de contribution, quelque chose qui va au-delà des limites matérielles.
Offrir ma présence, c'est bien plus qu'une simple coexistence physique.
C'est être là mentalement, émotionnellement,
et même spirituellement.
Le monde moderne, souvent caractérisé par une frénésie incessante, a érigé la présence comme une denrée rare.
Nous sommes constamment distraits par des notifications, des obligations professionnelles, des engagements sociaux et une myriade d'autres stimulations externes.

Dans ce tourbillon d'activités incessantes,
devient un don précieux.
Offrir sa présence nécessite une attention
consciente.
Dans un monde où la communication est souvent
superficielle, prendre le temps d'être présent
devient une déclaration puissante
d'amour et de respect.
Ce n'est pas un hasard si de nombreuses
traditions spirituelles mettent l'accent sur la
pleine conscience et la présence.
Les enseignements anciens nous rappellent que
c'est dans l'instant présent que réside le pouvoir
de transformer nos vies et celles des autres.
Parvenir à un stade où je peux offrir ma présence
en tant que cadeau précieux n'est pas le résultat
d'une transformation rapide,
mais plutôt le fruit d'une croissance graduelle.
Cela implique de me débarrasser des poids
inutiles du passé, d'appréhender l'avenir avec
une sérénité renouvelée, et de m'ancrer
fermement dans le moment présent.
L'acceptation de soi est une composante cruciale
de cette démarche.

En embrassant toutes les facettes de ma personne,y compris les aspects imparfaits, je suis en mesure de partager ma présence de manière authentique.
C’est un acte de vulnérabilité,
un abandon des masques sociaux, pour permettre aux autres de me voir tel que je suis.
Offrir ma présence ne signifie pas que je renonce à toute autre forme de générosité.
Un cadeau matériel peut être éphémère,
mais la qualité d’une présence sincère peut laisser une empreinte durable dans le cœur d'une personne.
Il y a quelque chose d’indicible dans le fait d'avoir mal au cœur lorsque la personne que l’on chérit se tient juste devant nous,
et pourtant, la connexion tant désirée demeure hors de portée.
C’est une douleur qui transcende les mots,
une mélodie discordante dans la symphonie des émotions humaines, une expérience déchirante qui peut ébranler le fondement même de mon être.

La communication, dans toutes ses formes,
est le tissu qui lie les individus.
C'est un échange d'énergie, de pensées,
d'émotions, et souvent, c'est à travers ce canal
que les relations humaines prospèrent.
Mais que se passe-t-il lorsque ce lien vital semble
se rompre, lorsque les mots se figent sur mes
lèvres et que les expressions faciales deviennent
énigmatiques ?
Communiquer avec quelqu'un qui est
physiquement présent est une expérience
émotionnelle profonde.
C'est comme si un gouffre invisible s'est formé
entre nous, nous isolant dans des mondes
intérieurs inaccessibles l'un à l'autre.
Cela peut se produire dans divers contextes,
entre amis, membres de la famille,
partenaires romantiques,
mais la douleur est souvent la même.

Lorsque la communication se dégrade,
la frustration et l'incompréhension s'installent.

C’est un tourbillon d’émotions complexes,
la tristesse de ne pas être compris,
la colère de ne pas pouvoir exprimer pleinement
mes sentiments, la confusion face à un mur
invisible qui semble s’élever entre nos cœurs.
La proximité physique devient une ironie amère
lorsque la distance émotionnelle s’accentue.
Les blessures non cicatrisées, les malentendus
non résolus, ou simplement l’usure de la routine
peuvent contribuer à ce fossé grandissant.
Les mots non dits peuvent résonner plus fort que
ceux prononcés à voix haute,
et les silences peuvent devenir une barrière
insurmontable.
Il y a une ironie poignante dans le fait de me
sentir seul même en présence physique d’une
autre personne.
Les regards qui se croisent,
les gestes qui se perdent dans l’air,
les respirations partagées qui semblent s’éloigner.
La connexion, qui devrait être aussi naturelle que
la respiration, devient un effort héroïque,
une lutte intérieure pour exprimer l’inexprimable.

La douleur au cœur de cette expérience réside
également dans le regret.
Regret de ne pas avoir agi plus tôt,
de ne pas avoir ouvert le dialogue lorsque les
premiers signes d'éloignement ont émergé.
Les souvenirs d'une époque où la communication
était fluide et naturelle hantent mes pensées,
amplifiant le sentiment de perte.
La nature humaine est tissée d'un besoin
fondamental de connexion,
de compréhension et d'amour.
Lorsque ces éléments semblent s'évaporer,
la douleur qui en découle est palpable.
C'est une douleur qui transcende le physique,
s'immisçant dans les recoins les plus intimes de
mon âme.
Les larmes non versées deviennent des poids sur
mon cœur, et chaque tentative infructueuse de
communiquer ajoute une nouvelle couche à ce
fardeau émotionnel.

Pourtant, au milieu de cette obscurité
émotionnelle,
il y a aussi une lueur d'espoir.

L'espoir que la communication peut être rétabli,
que nos cœurs peuvent guérir, et que cette
douleur peut éventuellement s'apaiser.
La clé réside peut-être dans le courage d'aborder
l'inconfort, de creuser profondément dans les
tréfonds des sentiments et de trouver un terrain
d'entente.
La compassion envers moi-même est également
cruciale dans ce processus.
Reconnaître que la douleur que je ressens est
valide et légitime, et permettre à ces émotions
d'exister sans jugement,
avoir mal au cœur de ne plus pouvoir
communiquer avec quelqu'un qui est
physiquement présent est une expérience
émotionnelle profonde et complexe.
C'est une douleur qui transcende le physique,
une mélodie discordante dans la symphonie des
émotions humaines.
Avec le courage d'aborder l'inconfort,
la compassion envers moi-même et la patience
nécessaire.

Il est primordial que je prenne
le temps de réfléchir à l'importance
de m'occuper de moi-même.
Dans ce tourbillon effréné de la vie quotidienne,
où les attentes et les responsabilités semblent
souvent écrasantes, il devient impératif de se
rappeler que s'occuper de soi n'est pas un
caprice, mais une nécessité essentielle.
Il est facile de se perdre dans les demandes
incessantes du monde extérieur,
que ce soit dans le domaine professionnel,
social ou personnel.

Cependant,
je dois reconnaître que négliger
mes propres besoins peut avoir des conséquences
préjudiciables sur ma santé globale,
tant sur le plan physique que mental.
Prendre soin de moi ne relève pas de l'égoïsme,
mais plutôt d'une forme de responsabilité envers
moi-même.
Il s'agit de reconnaître que je mérite une
attention et un soin tout aussi importants que
ceux que je consacre aux autres.

La négligence de soi peut conduire à une fatigue mentale, émotionnelle et physique, compromettant ma capacité à fonctionner de manière optimale dans tous les aspects de ma vie. Il est crucial que je comprenne que s'occuper de moi n'implique pas nécessairement d'ignorer les besoins des autres.
Au contraire, cela signifie que je suis mieux équipé pour répondre aux attentes extérieures de manière saine et équilibrée.
En prenant le temps de me recentrer sur mes propres besoins, je suis en mesure de cultiver une plus grande résilience émotionnelle et d'apporter une contribution plus positive aux relations et aux engagements qui sont importants pour moi.
La société peut parfois véhiculer l'idée, que prendre soin de soi est un luxe ou un acte égoïste, mais il est temps de changer cette perception.

En priorisant ma propre santé physique et mentale, je deviens plus résilient face aux défis de la vie quotidienne.

En fin de compte,
penser à moi-même n'est pas seulement un droit, c'est une responsabilité envers ma propre existence, me permettant d'atteindre mon plein potentiel et de contribuer de manière plus significative au monde qui m'entoure.
L'acceptation des choix et de soi-même est un voyage intérieur profond qui transcende les frontières de l'expérience humaine.
Dans ce monde complexe, souvent teinté de jugements et d'attentes externes,
apprendre à s'accepter et à accepter les choix que l'on fait est une entreprise essentielle pour cultiver un bien-être mental et émotionnel durable.
Le processus d'acceptation commence par une introspection sincère, une plongée courageuse dans les eaux tumultueuses de nos propres pensées, motivations et décisions.

Trop souvent,
nous sommes en proie à l'autocritique,
hantés par des doutes quant à nos choix passés et anxieux quant à ceux qui se présentent à l'avenir.

Cependant, il est impératif de reconnaître que
chaque choix, qu'il soit grand ou petit,
est une boussole qui guide notre trajectoire.
Les erreurs ne sont pas des marques indélébiles
de faiblesse, mais des opportunités
d'apprentissage précieuses.
En les acceptant et en tirant des leçons,
nous élargissons notre compréhension de nous-mêmes et du monde qui nous entoure.
L'acceptation de soi va de pair avec la
compréhension que nous sommes des êtres en
constante évolution.
Nos préférences,
nos convictions et nos aspirations peuvent
changer au fil du temps, et cela ne devrait pas
être perçu comme une incohérence,
mais plutôt comme le signe d'une croissance
personnelle.
Se libérer des chaînes de l'auto-jugement permet
d'embrasser la fluidité de notre identité,
nous donnant la liberté d'explorer de nouveaux
horizons sans craindre le regard critique,
y compris le nôtre.

Le regard de la société peut parfois peser lourd sur nos épaules, exerçant une pression subtile mais persistante pour conformer nos choix aux normes préétablies.
Cependant,
l'acceptation de soi nécessite de s'affranchir de ces attentes extérieures et de reconnaître la valeur intrinsèque de nos propres convictions.
Cela implique de se donner la permission d'embrasser des choix qui résonnent avec notre authenticité, même s'ils vont à l'encontre des conventions sociales.
Un aspect crucial de l'acceptation de soi est également de cultiver la bienveillance envers notre être intérieur.
En même temps ,
nous sommes nos propres critiques les plus sévères, érigeant des barrières auto-imposées basées sur des standards irréalistes.
En pratiquant l'amour-propre et la compassion envers soi-même, nous créons un espace où l'acceptation fleurit naturellement,
comme une fleur épanouie baignée par le soleil nourrissant de l'auto-compassion.

L'acceptation des choix et de soi-même n'est pas
un processus linéaire.
C'est une danse complexe entre la
compréhension profonde de soi,
l'adaptation aux changements inévitables et la
résilience face aux défis.
Les moments de doute peuvent surgir,
mais c'est dans ces moments que la pratique de
l'acceptation devient une bouée salvatrice.
La communication interne positive est un pilier
de cette acceptation.
S'adresser à soi-même avec bienveillance et
encourager une conversation intérieure
constructive renforcent notre capacité à
surmonter les obstacles.
Cela nous permet de voir nos choix comme des
manifestations de notre libre-arbitre,
des expressions de notre individualité,
plutôt que comme des fardeaux à porter.

En fin de compte,
l'acceptation des choix et de soi-même
est un acte de courage.

C'est un engagement envers la croissance personnelle, la résilience émotionnelle et la liberté intérieure.
C'est un voyage où chaque étape, chaque choix, est une pierre précieuse dans la construction de notre propre mosaïque de vie.
En embrassant cette acceptation avec ouverture et bienveillance, nous découvrons la beauté singulière de notre existence et la richesse infinie qui réside dans la complexité de notre être.
Il est difficile de nier la complexité des relations humaines et des sentiments qui les accompagnent.
Se retrouver dans une situation où l'on ressent le besoin de cesser de penser à une personne peut être un défi émotionnel considérable.
Que ce soit en raison d'une relation passée qui continue à hanter les pensées
ou d'une connexion actuelle qui cause plus de douleur que de bonheur,
l'idée de se forcer à ne plus penser à quelqu'un soulève des questions complexes sur l'amour,
la guérison et l'autonomie émotionnelle.

La nécessité de se contraindre à ne plus penser à une personne peut découler de diverses circonstances.
Parfois, il peut s'agir de la fin d'une relation amoureuse,
laissant derrière elle un tourbillon d'émotions non résolues.
Dans d'autres cas,
cela pourrait être lié à une amitié qui a pris une tournure inattendue ou à des circonstances qui ont créé une distance émotionnelle.
Quelle que soit la situation,
le besoin de libérer son esprit de la présence constante de cette personne peut devenir impératif pour retrouver son équilibre émotionnel.
Il s'agit d'un moment crucial où l'on réalise que le bien-être émotionnel personnel doit prendre le pas sur la nostalgie ou l'attachement à une personne ou à une situation.
Cela peut impliquer un travail intérieur significatif pour comprendre les raisons profondes de cette fixation mentale et émotionnelle.

Explorer ces raisons peut permettre de démêler les fils complexes des émotions et des souvenirs, facilitant ainsi le processus de libération.
Je ressens le poids du chagrin qui s'accumule en moi, une charge émotionnelle qui semble s'intensifier à chaque instant de ma vie.
C'est comme si mon âme était devenue le réceptacle de toutes les peines que j'ai traversées, une accumulation de tristesses qui s'est installée dans les profondeurs de mon être.
Le chagrin, ce sentiment douloureux et omniprésent, a pris résidence en moi, transformant mon monde intérieur en un paysage marqué par la mélancolie.

Chaque épreuve,
chaque déception a contribué à cette réserve de tristesse qui semble ne jamais s'épuiser.
Comme un océan sans fin, mes émotions négatives déferlent en vagues incessantes, submergeant parfois les rivages fragiles de mon esprit.

Il y a quelque chose de paradoxal dans la façon
dont le chagrin s'accumule.
On pourrait penser que le temps guérit toutes les
blessures, mais parfois,
il semble plutôt les cristalliser.
Les moments difficiles s'empilent,
créant une montagne de douleur dont la cime
semble inaccessible.
Chaque peine non exprimée,
chaque larme retenue contribue à l'élévation de
cette montagne invisible,
une construction émotionnelle qui défie les lois
de la physique.
La vie elle-même est une tapisserie complexe de
joies et de peines, de triomphes et de défaites.

Pourtant ,
il semble que j'aie tissé un motif particulier,
un motif où les fils du chagrin prédominent.
Peut-être ai-je été trop réceptif aux émotions
négatives, ou peut-être que la vie elle-même m'a
confronté à des défis plus grands que je ne
pouvais en supporter.

Quelle que soit la raison,
je me retrouve maintenant avec cette charge émotionnelle, ce fardeau qui pèse sur mon cœur.
Il y a des moments où je me demande si le chagrin est devenu une partie indissociable de mon identité.
Ai-je, d'une manière ou d’une autre, développé une dépendance inconsciente à cette douleur familière ?
Est-ce devenu ma compagne silencieuse,
une ombre qui m’accompagne à chaque pas que je fais dans ce voyage chaotique appelé vie ?
Ces questions hantent mes pensées alors que je m’efforce de comprendre la nature même de mon chagrin.
Le chagrin, c’est aussi l’histoire de ce que nous avons perdu, des rêves qui se sont évanouis,
des espoirs qui ont été brisés.
Chaque déception est comme une page déchirée de mon livre intérieur, une histoire inachevée qui continue de me hanter.
Les regrets et les « si seulement » résonnent dans les recoins sombres de mon esprit,
alimentant le foyer du chagrin.

Il y a des jours où le poids du chagrin est presque palpable, comme si mon cœur était enveloppé dans des chaînes invisibles.
La tristesse s'infiltre dans chaque fibre de mon être, teintant mes pensées et mes actions d'une teinte mélancolique.
Il est difficile de trouver la légèreté quand on est enchaîné par le passé, quand chaque sourire est teinté de larmes non versées.
Cela nécessite une introspection profonde, une confrontation courageuse avec les démons intérieurs qui alimentent le chagrin.
Peut-être que je dois me permettre de ressentir pleinement ces émotions,
de les accepter comme une partie intégrante de mon être, plutôt que de les refouler dans les coins sombres de mon esprit.
Il y a une beauté poignante dans la vulnérabilité, dans le fait de reconnaître que le chagrin fait partie de ma réalité.
Accepter cela pourrait être le premier pas vers la guérison, vers la libération de ces émotions qui ont été emprisonnées en moi pendant si longtemps.

Peut-être que dans ce processus,
je découvrirai des réservoirs d'amour et de
compassion qui peuvent contrebalancer la
tristesse qui m'a envahi.
Il est temps de dénouer les nœuds qui entravent
mon cœur, de laisser le chagrin s'écouler comme
un fleuve qui trouve enfin son lit.
La libération émotionnelle peut être un processus
tumultueux, mais c'est aussi un acte de courage.
C'est reconnaître que je mérite la paix intérieure,
que je mérite de vivre une vie empreinte de joie
plutôt que d'être prisonnier du chagrin.
Le chagrin peut être un maître sévère,
mais il peut aussi être un enseignant
compatissant.
Il nous confronte à nos faiblesses,
nous pousse à explorer les profondeurs de notre
âme et nous invite à grandir au-delà de nos
limites perçues.

Dans chaque larme versée,
il y a une leçon, une opportunité de comprendre
plus profondément la nature de notre humanité.

Alors, je choisis de regarder le chagrin en face,
de l'accepter comme une partie intégrante de
mon voyage.
Je choisis de permettre à mes émotions de
circuler librement, de trouver des canaux
d'expression sains plutôt que de les retenir.
Dans cette démarche, je m'ouvre à la possibilité
d'une vie plus épanouissante,
où la tristesse n'est pas une prison,
mais plutôt un éphémère nuage dans le ciel
changeant de mon existence.
Il y a une beauté dans l'impermanence,
dans le fait que chaque émotion,
aussi intense soit-elle,
finit par s'estomper avec le temps.
Le chagrin n'est pas une destination,
mais plutôt un passage dans le paysage complexe
de la vie.

En embrassant cette vérité,
je peux commencer à alléger le fardeau qui pèse
sur mon cœur, à permettre à la lumière de filtrer à
travers les interstices de ma douleur.

Il est difficile de mettre en mots l'intensité de
l'amour et de la dévotion
que Bi voue à son père.
Le lien qui les unit dépasse de loin les simples
relations familiales, il transcende les frontières du
temps et de l'espace,
créant un espace unique et sacré entre eux.
Bi a choisi de consacrer sa vie à prendre soin de
son père, une décision qui va bien au-delà des
normes conventionnelles de la relation
parent-enfant.

Chaque jour,
Elle se lève avec un seul objectif en tête,
rendre la vie de son père aussi confortable que
possible.

Cette dévotion inconditionnelle se manifeste dans
les actes les plus simples, comme préparer ses
repas préférés, s'assurer qu'il prend tous ses
médicaments et créer un environnement
chaleureux.
La chambre de son père est devenue le centre
névralgique de leur quotidien.

C’est un sanctuaire rempli de souvenirs partagés,
de photographies figées dans le temps qui
racontent l'histoire d'une vie riche en
expériences.
Bi a transformé cet espace en bien plus qu’une
simple pièce.
C’est devenu le théâtre de leur intimité,
le lieu où se déroulent les conversations les plus
profondes et où les silences sont souvent plus
éloquents que les mots.
La majorité du temps elle le consacrée
à être aux côtés de son père.
Ils partagent des moments de tendresse,
de rires et parfois même de larmes.
C’est une relation basée sur la compréhension
mutuelle, un lien tissé avec les fils invisibles de
l’affection et de la compassion.
Dans cet espace intime, elle trouve un sens
profond de satisfaction,
une joie qui découle de savoir qu’elle peut
apporter du réconfort et de la compagnie à son
père bien-aimé.

Chaque jour, elle se confronte aux défis que
présente la responsabilité de prendre soin d'un
être cher.
Mais au cœur de ces défis, elle trouve une force
intérieure inébranlable qui la pousse à persévérer.
Elle choisit de sacrifier son temps et son énergie
pour veiller sur lui, pour être la bouée d’amour et
de soutien dont il a besoin.
C’est un acte de dévouement,
une déclaration silencieuse mais puissante de
l’importance de la relation parent-enfant.
Dans la quiétude de la chambre partagée,
Bi et son père créent des souvenirs qui
deviendront les piliers de leur histoire commune.
Chaque conversation, chaque éclat de rire,
chaque moment de silence partagé contribue à la
richesse de leur lien.
C’est un ballet émotionnel où les pas de danse
sont guidés par l’amour,
la compréhension et le respect mutuel.
Pourtant, il est important de reconnaître que cette
dévotion totale n’est pas sans son lot de défis.
Bi peut parfois ressentir le poids émotionnel de la
responsabilité qu’elle a assumée.

Les moments de doute et de fatigue peuvent se faufiler dans son esprit, mais c'est précisément dans ces moments-là qu'elle puise dans la force de son engagement et dans la conviction que chaque sacrifice en vaut la peine.
Dans la chambre de son père,

« Je »

découvre la véritable signification du dévouement filial.
Le temps, ce flux inexorable,
qui s'écoule sans pitié,
porte en lui les marques indélébiles de la vie.
Il est le témoin silencieux de nos joies éphémères, de nos peines profondes,
de nos rires joyeux et de nos larmes amères.

À mesure que les aiguilles de l'horloge avancent,
elles tissent le récit de nos existences,
tricotant ensemble les souvenirs,
les expériences et les rencontres qui forgent notre destinée.

Il y a des moments où le temps semble s'étirer à
l'infini, offrant la douce illusion d'une éternité.
Mais, inévitablement, il s'écoule,
emportant avec lui la jeunesse insouciante et la
vigueur de l'âge.
Là où les rires résonnaient autrefois avec la clarté
cristalline de la jeunesse,
le silence s'installe parfois,
laissant place à une mélodie plus douce,
celle des souvenirs qui murmurent à l'oreille de
ceux qui ont traversé les saisons de la vie.
C'est dans ces méandres du temps que

« Copain »

se retrouve submergé par les vagues implacables
de la maladie et du vieillissement.
Les membres qui autrefois étaient agiles et
prompts deviennent fragiles,
laissant place à une vulnérabilité que le temps
n'épargne à aucun être humain.

Les rides qui se dessinent sur le visage sont
autant de traces laissées par les années,
chaque pli racontant une histoire,
chaque marque évoquant
une bataille remportée ou perdue.
La maladie,
compagne redoutable du passage du temps,
s'installe parfois comme un visiteur indésirable,
transformant la routine quotidienne en un défi
constant.
Les gestes simples deviennent des exploits,
et chaque instant de répit est un trésor à chérir.
C'est dans ces moments de fragilité que l'essence
même de l'amitié se révèle.
Les amis, témoins privilégiés de la vie partagée,
deviennent les gardiens bienveillants de la
flamme qui brûle encore dans le cœur de celui
qui lutte contre les affres du temps.
L'alitement,
cette posture, imposée par la maladie et le poids
des années, devient le théâtre silencieux d'une
bataille intérieure.
Pourtant, même dans l'ombre de l'alitement,
l'amitié demeure une lumière réconfortante.

Les éclats de rire partagés résonnent comme des
échos du passé, rappelant que le temps,
malgré sa marche inexorable,
n'a pas le pouvoir d'effacer les liens tissés entre
les âmes complices.
L'amitié devient alors un baume apaisant,
une présence réconfortante qui transcende les
mots.
Les amis deviennent les dépositaires de la
mémoire partagée, les gardiens des instants de
bonheur et des épreuves surmontées
main dans la main.
Alors que Copain repose,
entouré de l'affection fidèle,
le temps continue sa marche,
indifférent à la détresse humaine.
Mais dans cette alchimie du temps et de l'amitié,
les souvenirs deviennent des étoiles qui
illuminent le ciel de la mémoire,
les rires partagés deviennent des mélodies
intemporelles, et l'amitié, cette force,
qui transcende les épreuves,
devient un phare qui guide à travers mon
cyclone.

Ainsi, même lorsque Copain semble alité,
vaincu par la maladie et le poids des années,
il demeure, par la grâce de l'amitié,
un héros de sa propre histoire.

Car le temps, inéluctablement,
écrit chaque chapitre de nos vies,
mais c'est dans les pages de l'amitié que l'encre
laisse une empreinte éternelle.
Et même lorsque le rideau tombe sur la scène de
la vie, l'écho des rires partagés et la chaleur de
l'amitié demeurent,
inscrits dans la trame même du temps qui passe.
La nostalgie douce-amère s'insinue comme une
mélodie familière dans les recoins de mon être,
chaque fois que je me retrouve face à l'absence
dans le salon.

Il y a quelque chose d'indescriptiblement
poignant dans le vide laissé par une présence qui
n'est plus là, un écho silencieux qui résonne à
travers les pièces autrefois empreintes de rires et
de conversations.

Le salon,
ce lieu autrefois vibrant de vie et de mouvement,
devient soudain le théâtre d'une absence
palpable.
Les souvenirs s'entrelacent avec les meubles,
les ombres portent les traces des moments
partagés, et chaque coin semble murmurer des
histoires que seul le temps a le pouvoir de
révéler.
C'est dans ce sanctuaire de la mémoire que
l'absence prend forme,
créant un tableau émotionnel où la solitude et la
nostalgie se conjuguent.
Pourtant, étrangement, cette absence,
qui semble pesante, a aussi le pouvoir de guérir.
Il y a une ironie dans le fait que la solitude,
loin d'être un fardeau insupportable,
devient parfois une compagne bienveillante.
Les moments de calme dans le salon désert
offrent un espace pour la réflexion,
une pause nécessaire dans le tumulte incessant de
la vie.

Loin d'être une lamentation perpétuelle,
cette absence devient une invitation à redécouvrir
la simplicité du quotidien.
Les bruits familiers qui résonnaient autrefois se
transforment en un silence apaisant,
permettant à l'esprit de se détendre et de s'évader
dans ses propres pensées.
C'est dans cette tranquillité que l'on découvre
parfois une paix intérieure insoupçonnée,
un refuge au milieu du tumulte émotionnel.
La nostalgie, loin d'être une chaîne qui entrave,
devient une passerelle vers le passé,
une liaison entre les souvenirs et le présent.
Les objets inanimés du salon deviennent des
témoins muets de moments précieux,
des gardiens de l'histoire qui se déroule
lentement sous nos yeux.
Chaque tableau accroché au mur,
chaque meuble qui porte les cicatrices du temps,
raconte une partie de l'histoire qui continue de
s'écrire.

Il y a dans cette dualité une leçon sur la nature
changeante de la vie.

L’absence crée un vide, certes,
mais c’est aussi un rappel que rien n’est
permanent.
Les personnes, les émotions,
les circonstances tout évolue, se transforme,
et s’éloigne parfois.
C’est dans la reconnaissance de cette réalité que
l’on trouve la clé pour apprécier pleinement
chaque instant, chaque échange,
chaque présence.
Le fait que l’absence puisse apporter du bien
n’est pas une négation de l’importance des
relations humaines.
Au contraire, c’est une célébration de la capacité
de l’être humain à s’adapter,
à trouver la paix même au cœur de la solitude.
La solitude devient alors une sorte de retraite,
un temps pour se recentrer, se redécouvrir,
et cultiver une relation plus profonde avec
soi-même.
Les souvenirs qui y persistent deviennent des
mentors silencieux,
des guides qui nous rappellent d’où nous venons
et nous inspirent pour le chemin à venir.

L’absence, loin de créer un vide insurmontable,
ouvre la porte à de nouvelles possibilités,
à de nouvelles découvertes,
à une croissance personnelle inattendue.
Il y a dans cette expérience un équilibre délicat
entre le manque et la libération.
Le manque, doux rappel des liens qui nous
unissent, crée une toile émotionnelle tissée de
nostalgie et d’affection.
En même temps, la libération vient de la
compréhension que l’absence,
loin d’être une fin en soi,
est le prélude à de nouveaux chapitres,
à de nouvelles interactions,
à de nouveaux émerveillements.
Ainsi, dans le ballet complexe des émotions,
l’absence dans le salon devient une danse entre la
mélancolie et la sérénité.
Elle nous enseigne que le bien-être peut surgir
même au cœur de la solitude,
que le vide peut être un terrain fertile pour la
croissance personnelle, et que, parfois,
il faut s’éloigner pour mieux apprécier ce qui a
était.

En fin de compte, le salon vide n’est pas
seulement le théâtre de l’absence,
mais aussi le témoin silencieux d'une
métamorphose intérieure.
C’est dans ce sanctuaire de l’intimité que l’on
apprend à trouver la paix dans la solitude,
à chérir les souvenirs tout en embrassant le
présent, et à reconnaître que,
parfois, le bien peut émerger même là où la
présence se fait discrète.
L’idée de passer plus de 8 ans dans un salon,
à première vue, peut sembler inhabituelle.
Cependant,
en y réfléchissant de manière métaphorique,
on pourrait interpréter cela comme le temps passé
dans un lieu particulier,
un contexte ou une situation donnée.
Par exemple,
quelqu’un qui a travaillé dans le même bureau
pendant plus de 8 ans aurait consacré une grande
partie de son temps professionnel à cet
environnement spécifique.

De même,
une personne ayant vécu dans la même maison ou appartement pendant cette période aurait partagé une décennie entière avec les mêmes murs, la même atmosphère,
et les mêmes caractéristiques physiques de cet espace.
Dans un sens plus large,
cela pourrait également symboliser une phase de vie importante.
Par exemple,
une personne qui a consacré plus de 8 ans à la poursuite d'un diplôme universitaire,
à la réalisation d'un projet significatif,
ou à la construction d'une carrière,
aurait investi une part significative de sa vie dans cet objectif spécifique.
En somme,
l'idée de passer plus de 8 ans dans un salon peut être comprise comme une métaphore du temps consacré à un lieu ou à une expérience particulière.

Au cœur de la tourmente,
là où les nuages sombres semblaient éternels et la pluie incessante,
mon cyclone intérieur a commencé à perdre de sa puissance.
Les vents furieux se sont apaisés,
laissant derrière eux un calme encore incertain.
Peu à peu,
les nuages épais qui obscurcissaient ma vision se sont dissipés, révélant un ciel autrefois oublié.
Les premiers rayons de soleil ont timidement percé la masse grise,
réchauffant mon être et dispersant les ténèbres qui m'avaient enveloppé.
Les gouttes de pluie, naguère torrentielle,
se sont transformées en une fine bruine rafraîchissante.

Chaque goutte était une promesse de renouveau,
chaque éclat de lumière une indication que le pire était derrière moi.
Les contours de la vie, flous dans la tempête,
ont commencé à se dessiner avec une clarté nouvelle.

Les ombres qui avaient assombri mon chemin se sont estompées, laissant place à une perspective plus lumineuse.
C'est dans ces moments de transformation que j'ai réalisée que même les cyclones les plus puissants ont une fin.
Les tourbillons tumultueux de l'adversité cèdent invariablement devant la force de la résilience.
Le ciel, jadis déchiré par la fureur des éléments, s'est transformé en une palette de couleurs apaisantes.
Les teintes chaudes de l'espoir ont lentement chassé les grisailles de la détresse.
Mon paysage intérieur, autrefois dévasté, a commencé à fleurir de nouvelles possibilités.
Les bourgeons de la renaissance ont émergé des cendres de la tempête,
annonçant une saison nouvelle.
Et tandis que le cyclone s'est dissipé,
laissant derrière lui un ciel éclairci,
j'ai accueilli les rayons de soleil avec gratitude.
Chaque faisceau lumineux était une victoire sur l'obscurité, une affirmation de ma capacité à surmonter m'a tempêtes intérieures.

Ainsi, dans ce moment de clarté retrouvée,
j'ai compris que même au cœur du chaos,
il existe la possibilité d'une résurgence,
que chaque cyclone a sa fin,
laissant place à un ciel plus serein,
où les rayons de soleil caressent doucement le
visage de la reconstruction.
Je la rejoins pas à pas,
chaque pas marqué par la détermination qui
scintille dans mes yeux.
Arpentant le chemin de la vie avec le drapeau de
notre connexion bien haut,
je la suis dans chaque sentier,
même les plus sinueux.
À travers les méandres du quotidien,
je tiens le drapeau comme un rappel constant de
notre lien indéfectible.
C'est un fardeau léger à porter,
car il symbolise la force de notre engagement
mutuel.
Les défis peuvent être ardus,
mais chaque épreuve renforce notre connexion,
comme des maillons ajoutés à une chaîne qui ne
se brise pas.

Face aux adversités du KO,
je ne faiblis pas.
Les tempêtes peuvent rugir,
mais je tiens bon,
guidé par la lumière de notre relation.
Chaque coup reçu est un pas de plus vers la
victoire, car je sais que nous avançons ensemble,
main dans la main.
Les moments de doute ne sont que des ombres
temporaires, car je me souviens de notre histoire
commune, des souvenirs tissés avec soin.
Chaque chapitre écrit à deux,
chaque épreuve surmontée,
construit la fondation solide de notre lien.
Même dans les instants de silence,
le drapeau flotte, porteur de promesses et
d'engagements inébranlables.
À mesure que le chemin se déroule devant nous,
je continue de la rejoindre pas à pas.
L'horizon peut sembler lointain,
mais le drapeau agite avec détermination,
illuminant le chemin à parcourir.
Les hauts et les bas ne sont que des nuances dans
le tableau vibrant de notre aventure commune.

Les éclats de rire résonnent comme des hymnes,
je persiste à la suivre avec une loyauté
inaltérable, car dans notre union,
je trouve une force qui transcende les limites du
quotidien.
Alors que le soleil se couche sur les jours passés
et se lève sur ceux à venir,
je tiens le drapeau encore plus haut.
Les étoiles peuvent scintiller dans le ciel,
mais aucune ne brille aussi intensément que la
lumière de notre union.
Le cyclone peut gronder,
mais je l'affronte avec la certitude que nous
émergerons plus fort de chaque épreuve.

Ensemble,
nous sommes une force inébranlable,
une équipe indomptable.

Chaque jour est une page de notre histoire,
écrite avec le stylo de l'amour et de la
persévérance.

Je persiste à te rejoindre,
pas à pas, avec le drapeau comme guide,
prêt à affronter tout ce que la vie nous réserve,
car notre aventure commune est le trésor le plus précieux que je porte en moi.
Le champ de bataille s'étendait à perte de vue,
une mer ondulante de débris et de souvenirs de combats passés.
Moi et Bi,
avions parcouru un chemin tumultueux pour en arriver là.
Des années avaient passé depuis notre première rencontre, et chaque bataille avait forgé notre lien indéfectible.
Les cieux étaient chargés de nuages sombres,
comme si même la nature elle-même ressentait le poids des conflits passés.
Nos armures étaient éraflées,
témoins muets des épreuves que nous avions traversées ensemble.
Nous marchions côte à côte,
nos pas résonnant sur le sol déchiré par la guerre.
Les cicatrices sur nos visages étaient des trophées de notre détermination.

Les cris lointains des batailles en cours
semblaient être la symphonie du chaos qui nous
entourait.

« Bi »

ajusta son casque,
ses yeux reflétant la détermination d'une
guerrière chevronnée.
Son glaive, usé, mais toujours tranchant,
était une extension de son être,
moi, portant le poids du bouclier.
À mesure que nous avancions,
les souvenirs défilaient dans notre esprit.

Des moments de triomphe et de désespoir,
des rires partagés dans les moments de répit rare,
et des regards complices échangés au milieu du
chaos.

Chaque cicatrice racontait une histoire,
chaque pas portait le poids de nos choix passés.

Nous avions traversé tant d'épreuves ensemble,
surmonté tant d'obstacles,
que notre connexion était plus forte que
n'importe quelle lame forgée dans le feu de la
bataille.
Les premières gouttes de pluie commencèrent à
tomber, mêlant leurs larmes au sol déjà imbibé de
tristesse.
Les éclairs zébrèrent le ciel obscurci,
illuminant brièvement le champ de bataille
comme des éclairs de nostalgie.
Le tonnerre gronda,
comme le roulement d'un tambour annonçant le
dénouement imminent.
Nous avancions,
prêts à affronter l'ultime défi,
main dans la main.
La guerre avait sculpté nos âmes,
mais notre détermination restait inébranlable.

Le champ de bataille était le témoignage de notre
voyage, et au bout de cette épreuve,
nous étions prêtes à affronter le dernier chapitre
de son histoire.

Passer un trimestre avec les SOS Médecins toutes
les deux trois semaines à la maison,
la dernière nous annonce la fin,
elle nous dit qu'il doit passer en

« soins de confort »,

nous prescrit des patchs de morphine pour
adoucir sa toux, et faciliter sa respiration et
malheureusement il passe sous oxygène.
On avait déjà vécu ça et par bonheur on avait
profité de ces deux à 4 ans en plus,
mais là je voyais la réalité en face,
je savais que ça allait être la dernière,
on a appelé tous ses enfants,
les frères et la sœurs de Bi,
je sais pas mais là tous ces synchronisé,
par amour pour leur père ils sont tous venus
profiter de ces derniers instants,
on a installé des matelas partout dans la maison,
pour un dernier moment de joie dans la tristesse,
j'ai aimé voir l'amour fraternel et familial pour
Copain,

« Être unis ainsi pour lui,
c'est tout ce que je voulais ».

Durée de lui dire au revoir
mets ses enfants sa famille sa vie autour de lui,
l'un de mes derniers gestes que je peux offrir.

Passer plus de 13 ans aux côtés d'un être cher
crée des liens indéfectibles,
tissés avec des souvenirs,
des rires et des épreuves partagées.
C'est une aventure commune,
une histoire d'amour qui a traversé le temps et
façonné les contours notres votre vie.
Cependant, la vie réserve parfois des épreuves
déchirantes, et l'idée que copain passe en soin de
confort ajoute une dimension émotionnelle
poignante. Les années passées ensemble ont été
le terrain fertile où l'amour a grandi,
évoluant au fil des saisons de la vie.
Ces moments de complicité, de compréhension
mutuelle et d'affection ont créé un lien profond et
unique.
Les défis ont été surmontés main dans la main.
Le passage en soin de confort marque un
tournant difficile, une étape où la réalité médicale
s'impose douloureusement.
Les émotions sont complexes,
oscillant entre la tristesse face à la maladie et la
gratitude pour les années partagées.

Les souvenirs deviennent des trésors précieux,
et chaque instant ensemble prend une
signification amplifiée.
Dans cette épreuve,
le soin de confort devient le dernier acte d'amour
que vous pouvez offrir.
C'est le moment où la compassion et la
délicatesse prennent le relais,
où chaque geste devient une caresse pour apaiser
la douleur physique et émotionnelle.
La famille deviennent les gardiens d'un confort
ultime, cherchant à créer une atmosphère de
sérénité et de tranquillité.

C'est aussi le moment où le soutien émotionnel
trouve sa place centrale.
Les souvenirs partagés deviennent des étoiles
dans la nuit sombre, éclairant le chemin dans
l'obscurité de l'incertitude.
Les conversations se teintent de tendresse,
laissant place à des adieux empreints de respect
et de reconnaissance.
Bien que le voyage, ensemble,
puisse prendre fin dans sa forme actuelle,
l'amour qui a grandi pendant ces années demeure
intemporel.

Les relations profondes ne se mesurent pas en
durée, mais en intensité,
et la force de ces années passées ensemble
perdurera au-delà du temps.

Le père bien-aimé,
mon Copain, autour de son chevet.

C'était une scène empreinte d'émotions et de
souvenirs.
Les enfants,

les frères et sœurs, les petits-enfants,
tous se relayant tour à tour pour être présents aux
côtés de leur père chéri.

Chaque moment passé ensemble était empreint
de la nostalgie des jours heureux,
des rires partagés et des leçons de vie transmises.
Les premiers jours furent marqués par des
murmures de conversations empreintes de
douleur, mais aussi de tendres sourires échangés
pour apaiser la lourdeur de la situation.

Les membres de la famille se racontaient des anecdotes, se rappelaient des moments précieux et partageaient des souvenirs qui semblaient jadis enfouis dans les recoins de leur mémoire.

Pendant ces deux semaines,
la chambre du patriarche était devenue le théâtre des retrouvailles familiales les plus émouvantes, malgré les années passées et les chemins de vie différents, trouvaient un réconfort mutuel dans leur unité face à l'adversité.
Les nuits semblaient interminables,
la lueur tamisée des lampes de chevet éclairant les visages fatigués et affectueux de ceux qui s'alternaient au chevet de leur père.
Pendant ces deux semaines,
la famille traversa un véritable voyage émotionnel.

Les éclats de rire résonnaient,
les larmes coulaient, mais surtout,
un amour incommensurable imprégnait chaque instant.

Les membres de la famille partageaient leurs
espoirs, leurs regrets et leurs rêves,
cherchant à consoler et à être consolés dans cette
épreuve commune.

À mesure que les jours passaient,
Copain affaibli sentait l'amour qui l'entourait.
Chaque baiser, chaque poignée de main,
chaque étreinte étaient une déclaration
silencieuse de gratitude et d'affection.
La famille, unie dans la diversité de ses
membres, se transformait en un rempart contre la
tristesse qui planait au-dessus d'eux.
Lorsque le moment fatidique arriva,
la famille était réunie autour du chevet,
tenant les mains de leur père qui s'éteignait
paisiblement.
Les souvenirs partagés au cours de ces deux
semaines formaient un tissu indissoluble de liens
familiaux, créant un héritage immatériel qui
transcenderait le temps.
Les adieux étaient empreints de tristesse,
mais aussi de la gratitude d'avoir pu partager ces
précieux moments ensemble.

j'étais là jusqu'à son dernier souffle,
et ce n'est pas encore fini,
vous savez il y a 13 ans,
il m'avait demandé de s'occuper de son
enterrement, sa dernière volonté pour moi,
je ne suis peut-être pas un homme pour certains
mais pour lui j'ai essayé de l'être,
chose faite paroles respectées,

« J'ai été jusqu'au bout avec lui »

Malgré la journée,
pour moi et Bi tout se faciliter,
il pleuvait et le sol était mou,
le ciel pleure pour moi coulant sur mon visage et
refroidit mon cœur,
fier de moi, je ne crois pas,
car je le faisais par amour,

« Fier de lui, car je suis ce que je suis. »

Dans l'enceinte silencieuse de la maison,
une absence pesante s'installe comme une ombre
délicate.
Il n'est plus là.
Ses pas ne résonnent plus dans le couloir,
sa voix ne remplit plus les pièces de son timbre
distinctif.
La maison, autrefois un écho vivant de sa
présence, semble avoir perdu une partie
d'elle-même.
Les murs portent encore les souvenirs de sa vie
quotidienne, des traces subtiles de son passage.
Une écharpe oubliée sur le dossier d'une chaise,
des photos qui témoignent des moments joyeux
partagés.
Ces fragments muets parlent de jours qui ne
reviendront plus, de moments qui se sont dissipés
avec son départ.
Les pièces se succèdent,
chacune portant les empreintes de son passage.
La chambre à coucher exhale encore la douceur
de son parfum, mais le lit semble trop vaste,
les oreillers trop nombreux.

Les rideaux filtrent la lumière du jour,
créant des jeux d'ombre qui dansent dans une
solitude de plus en plus palpable.
Le salon, une fois vibrant de sa présence,
est maintenant hanté par le vide.
La salle de bains garde ses objets personnels,
mais le miroir reflète une image solitaire.
Les articles de toilette témoignent d'une routine
matinale maintenant interrompue,
d'une intimité qui n'est plus partagée.
Chaque nuit qui tombe sur la maison semble
apporter avec elle un silence plus profond,
une solitude.

Bien que le chemin de notre histoire commune
ait été parsemé d'obstacles,
rien n'a pu ébranler la solidité de notre lien.
Bi et moi, nous avons traversé ensemble les
saisons de la vie,
naviguant à travers les hauts et les bas avec une
détermination inébranlable.
Une partie significative de notre parcours s'est
déroulée au fil des années passées avec son père
chez nous.

Ces moments, bien que précieux,
ont parfois présenté des défis uniques.
La proximité constante, les regards attentifs et les limites d’intimité inhérentes à la cohabitation avec un proche ont créé un terrain complexe à naviguer.
Les saisons ont défilé,
chaque printemps apportant une nouvelle perspective, chaque automne marquant un chapitre supplémentaire.
Pendant ces années, nous avons appris à composer avec l’absence d'intimité de couple.
Les gestes tendres se sont parfois transformés en regards furtifs, et les moments d’intimité se sont adaptés aux contours de nos vies familiales entrelacées.

Pourtant, au-delà de ces défis,
notre relation a prospéré.
Chaque instant partagé a contribué à tisser un lien indissoluble entre Bi et moi.

Nous avons appris à trouver la beauté dans les petits gestes, à créer des moments spéciaux au milieu de la routine quotidienne et à chérir la connexion que nous avons construite malgré les circonstances.

Cette histoire, c'est la nôtre,
façonnée par les épreuves et les moments de bonheur partagés.
Elle démontre que, même dans les circonstances les plus contraignantes, l'amour peut triompher, ouvrant la voie à une nouvelle ère où l'intimité de couple n'est plus un rêve lointain,
mais une réalité à savourer pleinement.

Cependant, au fil des années passées ensemble, une étrange sensation s'était insinuée,
comme une brume légère, transformant la familiarité en un sentiment étrangement nouveau.
Se retrouvaient soudain à deux,
dans un espace où ils avaient l'habitude d'être entrelacés.
Les routines familières semblaient avoir évolué, créant un vide subtil, une distance inattendue.

La proximité qui autrefois était notre quotidien était à présent chargée d'une étrangeté délicate, redécouvrant les aspects cachés de l'autre comme s'ils les voyaient pour la première fois.
Les habitudes, autrefois exécutées machinalement, sont devenues des rituels que nous réinterprétons à chaque instant.
Les gestes simples prennent une dimension nouvelle, éveillant en moi des questionnements silencieux sur l'essence même de notre intimité.
Les espaces que nous partageons sont empreints d'une énergie renouvelée, comme si chaque pièce recelait des secrets à découvrir, des recoins de nous-mêmes encore inexplorés.
Pourtant, au milieu de cette étrangeté, émerge une beauté nouvelle.
La redécouverte mutuelle donne naissance à une intimité renouvelée, à une connexion plus profonde.
Les imperfections de l'autre deviennent des traits uniques et précieux, et les aspérités de notre vie commune se transforment en nuances qui colorent notre relation.

Les émotions contradictoires coexistent en moi,
créant une symphonie complexe de sentiments.
Il y a une nostalgie douce-amère pour les jours passés, mais aussi une excitation pour les jours à venir, teintés d'une promesse de redécouverte constante.
Le passé et le présent s'entremêlent,
créant un présent dynamique qui se nourrit des expériences accumulées.
Au cœur de cette étrangeté,
je réalise que notre parcours n'est pas une ligne droite, mais plutôt une spirale en constante évolution.
Nous sommes à la fois les mêmes personnes qui se sont rencontrées autrefois et des individus transformés par le temps.
Le mystère de la cohabitation devient une danse délicate entre la familiarité et l'inconnu,
une danse qui donne une nouvelle vie à notre amour.

L’amour d’un père,
c’est ce qu’il m’a donné,
ma parole d’homme que j’ai essayé de respecter,
pour lui, j’étais là
et pour elle que je ne lui dis pas forcément,
je t’aime

« Mets ma parole
que j’essaie de vous le prouver »

Fropo pascale.
Tu me manquais déjà bien avant.

Dans l'aube dorée,
deux âmes guerrières,
Un Spartiate fier et une Viking fière.
Rencontrant le destin sur le champ de bataille,
Leurs cœurs s'entrelacent,
une histoire sans égale.
Sous le ciel étoilé,
ils dansent la danse de la guerre,
Deux esprits farouches, un amour sincère.
Main dans la main,
ils traversent l'horizon,
Un Spartiate et une Viking,
unis, sans frontière.
Les années s'écoulent,
le tumulte persiste,
Leurs épées tranchent l'ombre,
une harmonie triste.
Côte à côte, sur le champ de bataille mouvant,
Ils défient le destin, un couple vaillant.
Mais le temps implacable,
comme une lame aiguisée,
Frappe avec cruauté,
laissant une marque apposée.
L'une des deux, entre les bras de la nuit,
S'éteint doucement, comme une étoile qui fuit.
Le Spartiate reste, le cœur lourd de peine,
Un drapeau dressé, en hommage.

L'autre partie de l'âme,
dans l'au-delà lointain,
Son esprit persiste, dans le souvenir du matin.
Glaive pour elle, drapeau pour moi,
Les symboles d'un amour qui jamais ne ploie.
Sur le champ de bataille,
où l'histoire s'entrelace,
L'horizon infini,
témoin silencieux, embrasse.
Que les vents emportent leurs récits dans le ciel,
Les échos d'un amour,
inaltérable comme l'acier.
Spartiate et Viking,
un couple immortel.

« Apprendre à parle,
c'est déjà apprendre à se taire
pour essayer de se faire écouter. »

Tchenn-dha.Nuon

Auteur : Nuon Tchenn-dha
11/ 24 rue Jules Deregnaucourt
Roubaix 59100 France
E-mail : Nuon.Tdn@outlook.Fr
Première édition. Tome.2

Dépôt légal BNF : 3 décembre 2023
ISBN : 978-2-9590251-8-1
EAN : 9782959025181

www.ingramcontent.com/pod-product-compliance
Lightning Source LLC
LaVergne TN
LVHW091123150826
845673LV00002B/946

* 9 7 8 2 9 5 9 0 2 5 1 8 1 *